だれもが読書を楽しめる世界へ

りんごの棚と読書バリアフリー 1

自分にあった読み方ってなんだろう？

監修

NPO法人ピープルデザイン研究所

はじめに

　本を“読む”ことは、だれにとっても必要です。さまざまな情報や学びを得ることで、考える力や生きる力を身につけることができます。また自分の可能性を広げたり、生活を豊かにしたり、将来の選択肢をふやすことにもつながります。

　しかし、世の中にはさまざまな理由で本を“読む”ことがむずかしい人がたくさんいます。そのような人も自分にあった方法で本を“読む”ことを楽しめる世の中にするためには、どうしたらよいのでしょうか？　じつは、いまいろいろなカタチで“読む”ことができる本がふえてきているのですが、多くの人がそのことを知りません。

　まずこの本を読んで、あなたにも「りんごの棚」からはじまる読書バリアフリーの世界を知ってほしいと思います。そして、なにができるのかをいっしょに考えてみませんか。

　子どもにも、おとなにもできることがたくさんあります。わたしたちにできることを、いっしょにやっていきましょう。

NPO法人ピープルデザイン研究所

佐藤　聖一　　古市　理代　　佐伯　美華

もくじ

この本の使い方

たなりんごちゃん

りんごの棚やバリアフリー図書について、人に教えてあげるのがすきなようせい。からだの形を自由に変えられる。

上のマークのあるところでは、実際に考えたりやってみたりするときのヒントを、たなりんごちゃんが教えてくれます。

じぶんに あった

ほんを

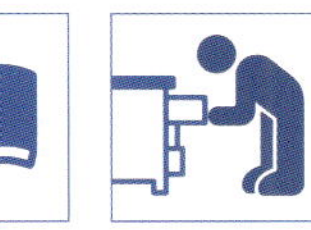
さがそう

左の絵を「ピクトグラム」といいます。年れいや言葉のちがいに関係なく、だれが見てもわかりやすい絵記号のことです。この本オリジナルのピクトグラムが、使われているページがあります。

この本の最後には読書バリアフリーについての用語集がついています。

登場人物しょうかい

ヒロ

サッカーが得意。

マンガがすき。

ハルト

工作が得意。文字が多い本を読むのが苦手。

カナ

絵をかくのが得意。

物語がすき。

ケン

ピアノの演奏が得意。

視力(見る力)があまりよくない。

ユーリ

料理が得意。外国から引っこしてきたばかり。

読むって、どういうこと？

「本を読む」と聞いたとき、どんなようすを想像する？

「目で文字を追って、手で紙をめくり、ひとりで本を読む」
そんなようすを想像するんじゃないかな？

1

2

「本を読む」ってそれだけかな？

世の中には、きみの想像とはちがった読み方で本を楽しんでいる人たちがいるよ。
読み方はひとつではないんだ。

読むのがなんとなく苦手だと思っている人も、きっと「自分にあった読み方」があるはず。

3

自分の生活を豊かにするために、
いろいろな読み方を知り、自分にあった読み方や本を見つけてみよう。

4

本を読むことで新しいことや、自分だけでは気づけなかったことを知ることができるよ。

知ってる？ りんごの棚

「りんごの棚」は、いろいろな人が楽しめる本がならんでいる図書館の本棚だよ。布でできた本や、文字のサイズを大きくした本などがおかれていて、いろいろな読み方があることに気づかせてくれるんだ。

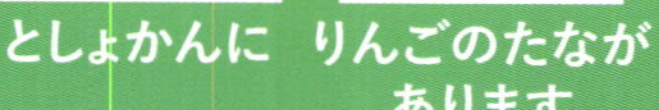

よめます

いろいろな本の読み方を提案する りんごの棚とは？

りんごの棚とは、やさしい言葉でかかれた本であるＬＬブックや文字のない本、布でできた本などいろいろな種類のバリアフリー図書がならべられた本棚です。バリアフリー図書とは、読むことにむずかしさを感じているいろいろな人が使えるよう工夫された本です（→ 31 ページ）。りんごの棚は、多くの人がもつ「本＝文字がかかれた紙の本」という思いこみを変えてくれます。

また、りんごの棚の本は、読みにくさを感じている人を理解するきっかけにもなります。その人の立場を想像することで、どうしたらみんなで読書を楽しめるようになるかを考えて、行動につなげることができます。

写真は、品川区立図書館で行われたバリアフリー図書の体験会のようす。

インクルーシブ社会を考えるきっかけに！

社会には人種や年れい、性別、価値観、障がいなど、いろいろなちがいのある人がいます。人々がおたがいのちがいをみとめあい、それぞれのちがいをいかせる社会を「インクルーシブ社会」といいます。りんごの棚を通してインクルーシブ社会を知ることは、よりよい社会をつくるためにも大切です。

読み方は一人ひとりちがってよい!

りんごの棚のどの本が、自分にあうかはわからないよ。音の出る本がいい人もいれば、さわって楽しむ本がいいという人もいるかも。自分にあった読み方をさがして、ぴったりの本をえらぼう。

紙の本を読むときに使っている力

紙の本を読むことは、かんたんそうに見えます。でも、じつは体のいろいろな部分を使って、わたしたちは本を読んでいるのです。

また、本の内容を理解するときには、文化を知っていることや言語の力が必要です。たとえば日本語でかかれた本ならば、日本の文化や日本語の知識が必要です。

脳
目で見た文字などの情報を脳で音にかえ、音と言葉の意味をむすびつけることで、読んだ内容を理解する。ページをめくるよう、筋肉にめいれいする。

目
文字や絵を見て、脳に情報を送る。

文化・言語
本の内容を理解するときに、その知識を使う。

耳
耳で音を聞きとる力は、脳内で文字と音と意味をつなげるのに役立つ。また、幼いころに話し言葉を聞きとることでついた力は、文字を読み内容を理解する力にも影響をあたえる。

骨・筋肉
本をささえ、ページをめくる。本を読むときの、しせいをたもつ。

読み方のちがいから新しい本や図書館のサービスが生まれる

同じ人間でも体のつくりやとくちょうがそれぞれちがうからこそ、それぞれにあった読み方があります。そして、その読み方のちがいが、これまでにいろいろな本や図書館のサービスを生み出してきました。

おたがいの読み方のちがいを知り、アイデアを出しあえば、だれもが楽しめる読み方やユニークな読書のサービスがもっと生まれるかもしれません。

浅川智恵子さん

けがが原因で、中学生のときに目が見えなくなった浅川さんは、コンピューター研究者になった。コンピューターで点字（指でふれて読む文字）を入力するソフトや、世界初の実用的なホームページの音声読み上げソフトを制作した。

いろいろな楽しみ方 1 見えない、見えにくい人の読書

ぼくは生まれたときから目が見えないから、点字（指でふれて読む文字）の本や、本の内容を読み上げる機械を使って、聞いて楽しむデイジー資料（音声デイジー）を読むよ。

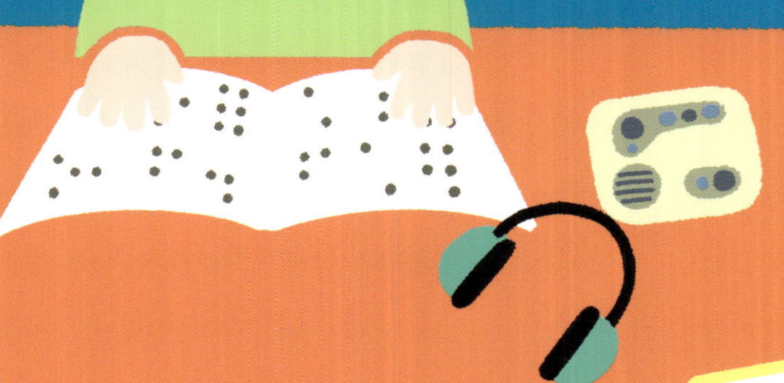

わたしは文字が小さいと見えにくいから、文字が大きい大活字本や、文字を大きくできる電子書籍を読むの！

むかしむかしあるところにおじいさんとおばあさんがくらしていました。

目の見え方は一人ひとりちがうよ。
見え方によって、自分にあった本の読み方をえらんで楽しんでいるんだ。

レンズがついたルーペは、
読んでいる行の文字だけが
大きくなるから、
見やすくて便利なのよ!

ほかに、布の絵本や
音声解説つき
映像資料で
楽しむ人も
いるよ!

リーディングトラッカーという
道具を使うと、いま読んでいる
行がどこなのかがわかって
読みまちがえなくてすむんだ。

目が見えない、見えにくいって どういう状態なの？

目が見えない、見えにくいといっても、視力がどれぐらいあるかによって、見えない「全盲」と視力が弱く見えにくい「ロービジョン（弱視）」に分けられます。

ただ、同じ全盲やロービジョンでも、見え方は人によってちがいます。全盲でも光の明暗はわかる人もいれば、まったくわからない人もいます。ロービジョンも、視野（見えるはんい）がせまい人や視野の一部が欠けている人などがいます。また、見えない、見えにくくなった年れいによって、指でふれて読む文字「点字」がわからない場合もあります。

いろいろな見え方の例

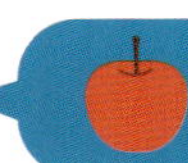

見くらべてみよう！

いっしょに本の話で もりあがる方法

Thinking！考えてみよう！

日本最大の図書館である国立国会図書館には、2022年時点で約4685万さつの本や資料などが保管されているよ。そのうち、点字の本や、文字のサイズが大きい大活字本、録音資料は約86万さつなんだ。どうしたら、目が見えない、見えにくい人と同じ本を読んで話ができるか考えてみよう。

本の内容を読み上げる機械を使って、聞いて楽しむデイジー資料は、図書館に協力してくれるボランティアの人などがつくっているよ。ただ、最近ではボランティアの人がへってきているんだ。絵や図なども読み上げてくれるアクセシブルな（だれにも使いやすい）電子書籍がもっとつくられることがもとめられているよ！

わたしの読書

特別支援学校に通う、目が見えない、見えにくい人に、お話を聞いてみたよ!

本やマンガは読みますか?

S.K さん(12さい)

ぼくは、あまり点字の本を読みません。動画で朗読を聞いたり、アニメを聞いたりするほうが場面を想像できておもしろいと感じます。効果音入りの朗読とかあればいいなと思います。

A.O さん(13さい)

わたしは、物語がすきで、小学生のころからずっと点字※1の本を楽しんでいました。点字のマンガはまだ少ないので読んでいません。マンガが原作のアニメで、友だちにすすめられたらテレビで聞きます。

I.I さん(12さい)

物語を読むと、想像が広がって楽しくなります。小説も読みますが、マンガもすきでよく読んでいます。

R.I さん(12さい)

本もマンガもすきで、読んでいます。話の展開がドキドキするものを読んでいると、自分もいっしょにドキドキしてきます。

ふだんI.I さんやR.I さんは授業では拡大教科書を使うよ。また、1さつの紙の本を点字の本にするとなんさつにもなるから、夏休みなど全国の点字図書館から郵送してもらって、家で点字の本を楽しむ人もいるんだって!

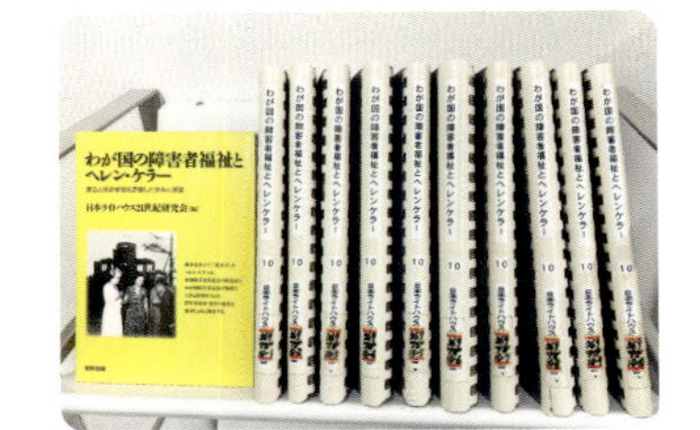

墨字※2の本(左の1さつ)と点字の本(右の10さつ)

※1 実際の点字は白い紙に1点ずつうって、ふくらんでいるため、白く見えます。右の図ではわかりやすくするため、色をつけています。

※2 紙に印刷またはかかれた文字。点字ではない文字で、普通文字ともいう。

本屋さんや町の図書館を利用しますか？

I.I さん

2週間に1回のペースで、町の図書館に行きます。母親が図書館によく行くので、ついていきます。本を買うよりは、図書館で借りることが多いですね。いろいろな本を見られるのも図書館の楽しみだと思います。

R.I さん

図書館に行きますが、その場で読むので、あまり借りません。小学生のときは、講談社の「青い鳥文庫」がすきで本屋さんで買っていましたが、中学校の図書館には大活字本の青い鳥文庫がおいてあるので借りて読んでいます。

A.O さん

わたしは、点字や音声データをサピエ図書館※から借りています。読みたい点字の本はサピエ図書館経由で点字図書館から家まで郵送してもらいます。

※サピエ図書館は、目で文字を読むのがむずかしい人などに対して、本の内容を点字や音声データなどで提供するインターネット上のサービス。

S.K さん

ぼくもサピエ図書館を利用します。映画の音声データ「シネマ・デイジー」を借りて聞きます。習いごとのブラインドボクシング※の間や、自由時間にときどき聞きます。

※ブラインドボクシング…視覚に困難がある人のために考案されたボクシング。

4人に特別支援学校での授業のようすを、教えてもらったよ！

点字の教科書を使うクラスと、紙にかかれた墨字の教科書を使うクラスに分かれます。点字の教科書を使うクラスでは、点で示された図（点図）や、光の明暗を音であらわす感光器など、視覚を補助する道具を使って学習します。墨字教科書を使うクラスでは、拡大教科書や文字を大きくする拡大読書器などを使って学習します。

直方体をあらわす点図

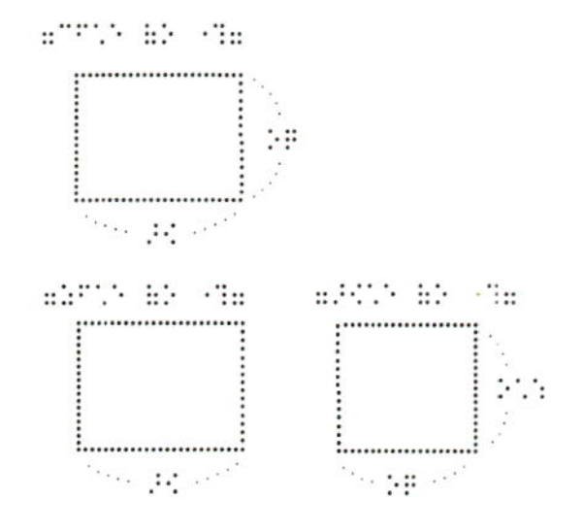

点図では見とり図ではなく、前や横、上から見た形を示し、点図をさわったときにわかりやすく配置してある。

感光器

光を感じるセンサーがついている先を火の方に向け、炎の色によって音の高さが変わることで、ようすを観察する。

いろいろな楽しみ方
2

文字だけにたよらない人の読書

ぼくは紙の本も読むけど、ふだん手話を使うから、手話つき映像資料も楽しむよ!

文字を読んでいると、文字がゆがんで見えてつかれちゃう。お話を聞いたほうがわかりやすいよ!

写真やピクトグラムがあって短い文章でかかれたＬＬブックは読みやすい!

見えているけれど、いろいろな理由で文字を読みにくい人や、内容がわかりにくい人がいるよ。それぞれ自分にあった読み方で、本を読んでいるんだ。

ほかに本の内容を読み上げる機械を使って、見聞きできるデイジー資料（マルチメディアデイジー）などを楽しんでいるよ!

読みやすさ・わかりやすさは一人ひとりちがう

同じ本を読んでも一人ひとり感想がちがうように、それを「読みやすい・わかりやすい」と感じるかどうかは人によってちがいます。

たとえば、植物の育て方をまとめた本があるとします。多くの文字でくわしい説明があり、写真や図もたくさんのっています。でも、人によって、植物の図や写真は見えているものの、文字の見え方がちがって読みにくいと感じる人もいます。かんたんな文章や動画を見ながら本を読んだほうがわかりやすい人もいるでしょう。

ですから、自分が「読みやすい・わかりやすい」と思う読み方を知ってえらぶことは、読書を楽しむうえで大切です。

いろいろな人にとっての読みやすさ・わかりやすさ

1 見たり聞いたりできるけれど文字の見え方にちがいがある人

文字の見え方が、ほかの人とはちがうことで、読みかきするときに文字の形や内容が理解しにくかったり、読むのに時間がかかったりすることをディスレクシアという。文字がゆがんで見えるなど、人によっていろいろな見え方をする。

ディスレクシアの人に見えている文字の例

文字がにじんで見える

鏡文字になって見える

文字がゆらいで見える

読みやすさ・わかりやすさを感じやすい本

マルチメディアデイジー
（音声と映像で読む本）

大活字本
（文字が大きく印刷された本）

文字だけでなく絵や写真が使われている本やマンガ

LLブック
（やさしい文章と絵、写真でできている本）

2 見えていて、生まれたときから手話で話している人

文字を読みとり内容を理解する力は、幼いころに聞いた話し言葉の内容を理解する力とともに発達する。それにくわえ、生まれつき聞こえない、聞こえにくい人がふだん使っている手話（日本手話）は、文章の組み立て方のルールが日本語とちがうので、本の内容がわかりにくいときがある。

読みやすさ・わかりやすさを感じやすい本

文字だけでなく絵や写真が使われている本やマンガ

- LLブック
- マルチメディアデイジー
- 手話や字幕つき映像資料
- 手話つき絵本
- 布の絵本、さわる絵本

3 見たり聞いたりできるけれど文字が多い本だと内容を理解しにくい人

脳のはたらきの一部にさまざまなちがい（特性）があることで、本の内容を理解しにくいと感じる人がいる。生まれつき脳機能のちがいをもっている人もいれば、事故や病気、年をとるなどによって脳のはたらきにちがいができた人など、いろいろな人がいる。そのため、読みやすいと感じる本も人によってちがう。

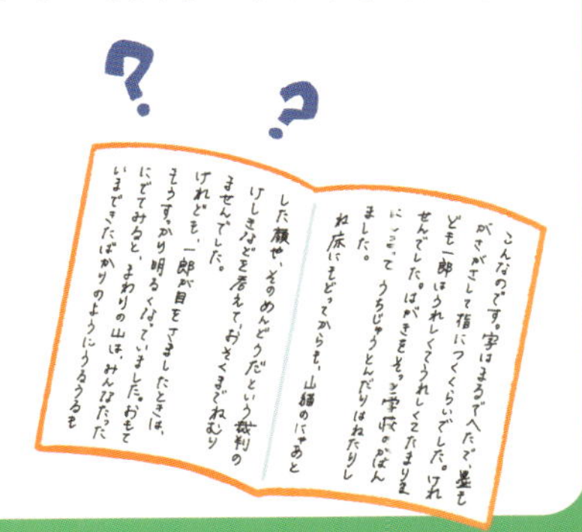

読みやすさ・わかりやすさを感じやすい本

- 文字だけでなく絵や写真が使われている本やマンガ
- LLブック
- 大活字本
- 布の絵本、さわる絵本
- マルチメディアデイジー

Thinking! 考えてみよう！

読みやすく、わかりやすく内容を伝える方法

学級新聞をつくるなど、自分たちで文章をかくことがあるね。こんなとき、わかりやすく伝えるには、どんなことに気をつければいいか考えてみよう。

文字を大きくして、ふりがなをつけるといいかも！

絵や写真が多いほうがわかりやすそう！

左の二次元コードの資料21ページには、文章をわかりやすくするヒントがあるよ。

『読みやすい図書のためのIFLA指針』（国際図書館連盟、2012年）

わたしの読書

耳が聞こえない人に、お話を聞いてみたよ。

Y.Mさん（35さい）の場合

本やマンガは読みますか？

本もマンガも大すきで、子どものころから、おとなになったいまでも図書館で本を借りてよく読んでいます。10代では、ハリー・ポッターのような現実にない世界の話に興味があり、20代では自分とはなにかを考える本などを読みました。いまはいやしをもとめて本を読んでいます。子どものころは紙芝居の読み聞かせもすきでした。手話での読み聞かせがめずらしい時代だったので、表情や口の形、絵を見ながらお話を想像して楽しんでいました。

特別支援学校での国語の授業について教えてください。

オノマトペ

効果線

わたしは、かつて特別支援学校の中学部の国語教員としてはたらいていました。手話を第一言語として話す生徒たちのなかには、本を読むのが苦手という人もいたので、まず耳が聞こえない人が主人公のマンガを用意して、マンガを読むことをすすめました。マンガは、中学生ぐらいの人が興味をもつ内容のものが多く、足音の「タッタッタッ」のようなオノマトペも目で見えるようかかれています。効果線などスピード感もあり、音を想像する手がかりになるので、マンガは読みやすいと思います。

むずかしい言葉などを理解しにくい人に、お話を聞いてみたよ。

S. Tさん（20さい）の場合

すきな本を教えてください。

ぼくは、イヌやネコがすきです。自分もイヌをいつか飼いたいと思っているので、母がもっているイヌやネコのしつけやトレーニングの本を読みます。いま、自分が気になる内容がのっていた『はつ恋』（樹村房）というLLブックもすきです。洗たくのしかたをまとめたLLブックを読んだときは、生活に役立ちそうだと思いました。ぼくの場合、ふりがなのあるなしで、読みやすさにちがいを感じたことはあまりありませんが、図や写真が多いほうが読みやすい気がします。

S.Tさんも所属している「木苺の会」の子どもやお父さんお母さんにもお話を聞いてみたよ！

ぼくは色がすきなので、カラフルな本がすきです。

最近、いろいろな人と話をしてみたい時期だからか、わたしの子どもは『しつもんブック100』（青山出版）という絵本を読んでいます。

わたしの子どもは、本の手ざわりがすきなようで、出かけるときはいつも本を持っています。笑顔で満足そうにしていますね。

木苺の会（東京都目黒区）

木苺の会はダウン症など知的障がいがある人の親の会です。保護者の情報交換を目的に2006年4月に発足。ポニー乗馬、ファッションショーごっこ、クリスマス会など、年間を通してさまざまな活動を行い、親子で楽しんでいます。

わたしの読書

文字の見え方にちがいがある人に、お話を聞いてみたよ。

本やマンガは読みますか？

E.T さん（11さい）の場合

本を読むと新しい知識を得られるのがおもしろいと思います。イヌやネコなどの動物がすきなので、動物がテーマの小説や4コママンガつきの本を読みます。おもしろいと、2週間ぐらいで1さつ読み終えます。「読書すごろく」という学校図書館のイベントにも参加しています。本を返すときにサイコロをふり、図書館専用のすごろくカードのマスを進めてゴールすると、特別なしおりがもらえるので楽しみにしています。

A.T さんは国語の長文問題を解くときは、パソコンなどに問題を読み上げてもらって考えているんだって！

A.T さん（12さい）の場合

マンガは絵から話を想像するのが楽しいです。アニメや動画を見てあらすじを知って、おもしろいと思ったら、原作のマンガを読みます。折り紙の本もすきです。むずかしい折り方も、図を見ればイメージがすぐ頭にうかびます。ほかにもゲームの攻略本など、絵や図が多い本はわかりやすいと思います。小説はふりがながあればいいけど、文字だけだとつかれるのであまり読みません。ふりがなつきの本がふえたらいいなと思っています。

いろいろな楽しみ方 3

他言語で読む人の読書

むかし、むかし

Once upon a time

ももたろう

MOMO TARO

いくつかの外国語で翻訳された絵本の読み聞かせ会に行くよ。ほかの国の言語も知れて楽しい!

やさしい日本語でかかれているから、LLブックはわかりやすい!

外国から引っこしてきたばかりの子ども

外国から日本に帰国したばかりの子ども

日本には、日本語を話せても文字は読めず意味がわからない人や、長期間生活していた外国から日本に帰国したばかりで言語を使うとき、こんらんする人がいるんだ。言語の意味がわからなくても、いろいろな言語で行う読み聞かせ会などで本を楽しむよ。

ほかに、布の絵本や、絵や写真が多い本、マンガなどを楽しむ人もいるよ!

時間をかけて身につく言語の力

言語の力はふだん人と会話するときに使う力と、教科書を読むなどの学習で使う力に分けられます。

ひとつの言語を、本が読めるぐらい理解し使いこなせる力がつくまでには、少なくとも5～7年以上かかるとされています。

会話に使う言語力

習得に1~2年!

読書に使う言語力

習得に5~7年!

本がおたがいの文化を知るかけはしに

文部科学省の2021年の調査※によると、日本語の習得に指導が必要な小学生は約3万9000人います。2008年時点では約2万3000人でしたから、年々ふえています。ただ、日本語の習得が必要といっても、それぞれの子どもが元々使っている言語や文化、出身地はちがいます。外国で生まれ育って日本に住むことになった子どもも、日本の文化を知らない場合があります。

外国語に翻訳された絵本やマンガ、図や写真が多い本、LLブックは、言語も文化もちがう人どうしが、仲よくなるきっかけになります。

※『日本語指導が必要な児童生徒の受入状況等に関する調査』（文部科学省、2021年）

群馬県ヴィアックス大泉町図書館のポルトガル語コーナー。図書館には、いろいろな言語で翻訳された利用案内や本がある。外国人のように、日本とは異なる文化をもつ人のために行われている図書館の仕事を「多文化サービス」という。

Let's try! やってみよう!

学校図書館に多文化コーナーをつくってみよう!

いろいろな言語で訳された本や、いろいろな国の文化の理解をたすける本を集めた本棚を、多文化コーナーというよ。学校図書館に、多文化コーナーをつくるためにどうすればよいか話しあってみよう。

外国語でかかれた本を、学校に貸し出してくれる町の図書館もあるよ。先生と相談して、本を貸してもらえないか聞いてみよう!

わたしの読書

外国から日本に帰国した人に、
お話を聞いてみたよ。

S.Tさん（12さい）の場合

本やマンガは読みますか？

本もマンガも読みます。小説を読んでいるとき、自分が登場人物になった気分になれるのが、おもしろいと思います。わたしは、小学1年生から4年生のとちゅうまでオーストラリアでくらしていたので、日本に帰国したいまでも英語の本を読んでいます。ハリー・ポッターシリーズの英語版のほかに、重松清さんの小説や歴史の本など日本語の本も読みます。

英語の本と日本語の本、どちらがすきですか？

どちらの本もすきです。ただ、本やマンガの原作が英語の場合、わたしは英語の原作本を読むほうがおもしろいと思います。日本語に翻訳された本やマンガは、原作者の気もちや英語ならではのおもしろい言い回しが、少し変わってしまうのです。だから、母国語として英語を使う作家がかいた小説は、できるだけ英語でかかれた原作本を読むようにしています。

オーストラリアと日本の学校図書館でちがいはありますか？

わたしがいたオーストラリアの小学校は、休み時間は外にいないといけなくて、学校の図書館が開いているのは授業がはじまる前後や月1、2回の決まった時間ぐらいでした。日本の小学校は、休み時間に中にいてもよいので、学校の図書館に行く回数がふえました。

わたしの読書

親が外国籍の人に、お話を聞いてみたよ。

H.Nさん（9さい）の場合

本やマンガは読みますか？

スポーツの本やようかいの本も読みますが、どちらかというとマンガのほうがおもしろいので、マンガをよく読みます。人におすすめされた本を読むのもすきです。友だちが教えてくれた動物のバトルマンガや、お母さんがもっているマンガを読んでいます。自分で本をえらぶときは、先に表紙を見て、そのあと結末を見てしまいます。暗い結末はすきではないし、結末を知ったうえで見たほうが安心します。

ふだん韓国語の本を読むことはありますか？

ぼくのお父さんと、お母さんのおじいちゃんは、韓国で生まれ育ちました。日本で生まれ育ったぼくは、ふだんは日本語を使っていますが、ときどきお父さんから韓国語を教わります。お母さんも韓国語の学習の本を買ってくれました。韓国にあそびに行ったときに、おじいちゃんや親せきのお姉さんと話せないので、そんなとき韓国語が話せたらなと思い、ときどき韓国語の学習の本を読んでいます。

いろいろな
楽しみ方
4

本が持てない、手に入れにくい人の読書

図書館が遠くて自分ひとりでは
なかなか行けないから、
ときどき読みたい本を図書館から
郵便で送ってもらっているんだ!

電子書籍は、指がうまく動かせず
ページをめくれなくても、
パソコンで文章を読み上げるから、
自分のペースで読めて楽しいよ。

お年寄りや手や足がうまく動かせない人など、図書館や書店に行くことや、そもそも本を手に持つことがむずかしい人もいるよ。でも、インターネットや郵便を使って、読書を楽しんでいるんだ。

ほかに、文字のサイズが大きい大活字本や、本の内容を読み上げる機械を使って、見聞きできるデイジー資料なども使うよ!

読みたいと思ったときに読みたい本を入手できるように

紙の本を手に入れることが大変な人もいます。たとえば、目が見えにくい人や、生まれつき手足がうまく動かせない人、病気で長く入院している人、お年寄りなどは、本を手に入れることが大変です。

だれもが読みたいと思ったタイミングで本を入手するには、紙以外のいろいろな形の本が必要です。また、紙の本でも、郵送などで本を貸し出す図書館のサービスを使う方法もあります。最近では、インターネット上で電子書籍を貸す「電子図書館」もふえています。このように、図書館や本屋さんに行かずに本を入手する方法があれば、読書の楽しさは広がるはずです。

紙以外のいろいろな形の本と電子図書館

デイジー資料
（音声と映像で読める資料）

電子書籍

電子図書館

写真は東京都千代田区の千代田 web 図書館の検索画面。

図書館の受けつけや本棚は、車いすの人でも使えるように低くしています。左下の写真のようなピクトグラムと、わかりやすい言葉で図書館の使い方をかいた紙も用意しています。

図書館の職員さん

使いやすい学校図書館をつくろう!

いろいろな人にとってさまたげ（バリア）になるものをとりのぞくことを、バリアフリーというよ。町の図書館で行われているバリアフリーを調べて、自分の学校図書館にいかそう。

借りる

本やビデオ、DVD、CD、カセット、マルチメディアデイジーは
あわせて　△△点、借りることが　できます。
△△点のうち、ビデオ、DVDは　△△点まで、
CD、カセットは　△点までです。

『誰にでもわかりやすい LL 版利用案内「ようこそ 図書館へ」』（藤澤和子他／元近畿視覚障害者情報サービス研究協議会 LL ブック特別研究グループ）

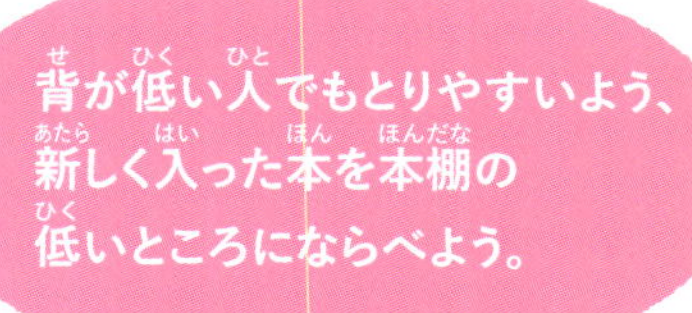

だれでもわかるように、
ピクトグラムで学校図書館の
使い方をまとめたらどうかな?

みんなで話しあって出た意見を、
先生や司書さんに伝えよう!

わたしの読書

車いすを使っている人に、お話を聞いてみたよ。

A.Sさん（21さい）の場合

本やマンガは読みますか？

中学生や高校生のときは、学校図書館の先生に本屋大賞の小説をリクエストして、たくさん本を読んでいました。本をえらぶときは、まず表紙の絵がこのみかどうかを見ます。ほのぼのとしたタッチの絵がすきです。そのあと、内容もおもしろそうなら読みます。いまは町の図書館ですきな小説だけでなく、心理学や宇宙の本のような学習の本も借りて勉強しています。図書館で行う読み聞かせにも興味があり、自分もやってみたいと思っています。

「あったらいいな」と思う図書館を教えてください。

町の図書館に行けるときは、車いすに乗って自分で行きます。でも、町の図書館は家からはなれているので、行くのが大変です。また、わたしよりも障がいが重く、自由に動けない知りあいもいます。そういった人は電子書籍を読む方法もありますが、すきな本の電子書籍がかならずあるわけではありません。できれば、焼きいも屋さんのように、移動図書館が家の前まで来てくれて、本をえらぶ楽しみがふえたらいいなと思います。

わたしの読書

見え方や手の力の加減がむずかしい人に、お話を聞いてみたよ。

R.Sさん（24さい）の場合

本やマンガは読みますか？

本はよく読んでいます。小学生や中学生のころは1か月で90さつほど読みました。いまは映画やドラマの原作となる小説がすきで読んでいます。わたしの目は斜視で、両方の目の見え方がちがうため、同じところを見つづけるのがむずかしいのです。絵と文字に視点を交互にうつしながら読むマンガは、目がつかれるし、読み飛ばすと話の流れがわからなくなるので、どちらかというと小説のほうがすきです。

あなたの読書ルールを教えてください。

わたしはボッチャ※というスポーツがすきで、休みの日には5～6時間練習しています。そのあと帰ってから本を読むので、ねむくなります。そんなときは一度ねてから、ふたたび起きてすぐに本を読めるように、まくら元に本をおいておきます。また、わたしは手の力の加減がうまくできず、本を持ってもカバーをやぶいてしまうことがあります。なので、本屋さんでブックカバーを多めにもらって使い回しています。

※ボッチャ…ボールを投げたり転がしたりなどして、自分のボールを目標とする白いボールに相手よりも近づける競技。

自分が見つけた読み方をしょうかいしよう!

自分にあった読み方について発表してみよう。また、自分がすごいと思った読み方を、みんなに教えてあげるのもいいね!

やり方

1 えらぶ

『りんごの棚と読書バリアフリー』1巻を読んで、自分がすきだ、わかりやすい、すごいなと思った読み方をえらぶ。

紙の本より耳で聞いて“読む”ほうが、わかりやすい!

2 まとめる

その読み方がすきだ、わかりやすいと感じた理由を、ノートやタブレット、パソコンなどを使ってまとめる。

自分にあうと思った理由は、まず目がつかれない。ほかにも……。

3 発表する

まとめたことを、みんなの前で発表する。

ぼくは、音で聞いたほうが、話の流れがわかりやすいので、デイジー資料のように耳で“読む”のがすきです。

いろいろな読み方を知ったうえで、紙の本がすきだと考える人がいてもいいね。

いろいろな人が本を楽しめる未来を考えよう!

小さな子どもやおなかにあかちゃんがいると、めんどうを見るのは大変だから、図書館に行きにくくなりそう。図書館から本を郵便で送ってもらうサービスがふえればいいなあ。

年をとって小さい文字が見えにくくなったら、ルーペで文字を大きくして読むようになるかも。

いまは「目で文字を追い、手で紙をめくる」読み方をしている人も、ちょっと考えてみよう。これから年を重ねる中で、病気や事故などで、同じ読み方ができなくなるかもしれない。でも、いろいろな読み方を知っていれば、これから先もずっと楽しく読書できるんだ。

いろいろな　よみかたを　しって、

おとなに　なってからも　ほんを　よもう。

ぼくがいつか図書館や本屋さんから遠いところに住んでも、すきな本やマンガが読めるよう、電子書籍があるといいな。

バリアフリー図書が身近にあることに気づける りんごの棚

バリアフリー図書（アクセシブルな図書）は、読むことにむずかしさを感じているいろいろな人が利用できるように工夫された書籍や資料です。点字図書やデイジー資料（録音資料）、大活字本、LL ブック、布の絵本、デジタル形式の資料などがあります。

紙の本になれている人は、自分がいつか紙の本を読めなくなるかもしれないことに気づきません。そのため、自分や家族が紙の本を読めなくなってしまったとき、ほかの方法をえらべずに読書をあきらめてしまいます。

りんごの棚を通してバリアフリー図書や図書館のサービスを知っておくことで、バリアフリー図書が自分にとって身近にあるものだと想像できるきっかけになります。

年をとってからでも、知りたいことを調べたり学んだりするために、自分にあったバリアフリー図書を知っておくことは役立つ。

電子書籍は新型コロナウイルス感染症のような病気がはやって、お店や図書館に行けなくなったときにも役立ちそうだね。

いっしょに知ろう！
読書バリアフリー法とりんごの棚の歴史

1993年
スウェーデンでりんごの棚ができる！

スウェーデンのすべての図書館には、りんごの棚がおかれている。

2010年
日本で読書バリアフリー法をつくろうとする動きができたが、成立しなかった……。

2013年
日本初のりんごの棚ができる！

埼玉県小川町立図書館が、スウェーデンの図書館に問いあわせたことをきっかけにできた。

すべての人が、知りたいと思ったときに、必要な本や情報を自由に手に入れることができることを「読書バリアフリー」というよ。そんな読書バリアフリーな社会をつくるための法律が「読書バリアフリー法」。じつは、法律ができるよりもずっと前に、りんごの棚は生まれていたんだ。

2013年　マラケシュ条約ができる!

見えない、見えにくい人など、紙の本を読むのがむずかしい人が、外国の本を読みたいと思ったとき、マラケシュ条約をむすんだ国どうしであれば、その人にとって使いやすい形の本（たとえば電子書籍など）に変えて手に入れることができるようになった。

そして…

2018年　日本も、マラケシュ条約に参加する!

これまで日本の読書バリアフリーの活動は、図書館やボランティア団体のはたらきに支えられていた。条約への参加をきっかけに、法律にまとめようとする動きがふたたび高まる。

2019年　日本で読書バリアフリー法ができる!

図書館やボランティアだけでなく、国や都道府県、市区町村、出版社や作者もいっしょに読書を楽しめる社会づくりを進めることが、法律にもりこまれた。

読書バリアフリーな社会づくりをたすける法律

読書バリアフリーな社会をつくるために、国はいろいろな法律を定めています。読書バリアフリーな社会づくりで、重要な３つの法律を見てみましょう。

読書バリアフリー法（視覚障害者等の読書環境の整備と推進に関する法律）

障がいのあるなしにかかわらず、すべての人がひとしく読書を通して、すべての文字・活字文化を楽しめる社会をつくることを目的にできた法律。国や都道府県、市区町村、図書館、出版社などが協力して、だれもが読書を楽しめる環境を整備することが定められている。

作者と出版社

バリアフリー図書（アクセシブルな図書）（→31ページ）をつくり、ふやす努力が必要。いままではボランティアや図書館職員にたよってきたが、ボランティアもへっていて、いつまでもたよれないため。

国や都道府県、市区町村

読書バリアフリーを達成するための計画や方針を立てる。

図書館

バリアフリー図書の存在を、必要とする人に伝える。

教科書バリアフリー法

点字（指でふれて読む文字）教科書や音声教材などをつくる団体に、教科書会社が文字や画像のデータを無料でわたすことを義務づけた法律。

データからつくられたマルチメディアデイジー教科書

著作権法第37条第３項

著作権法は、本などの著作物の権利を守る法律。ふつう、作者にことわりなくコピーをしたり、内容を別の言語に翻訳したりすることは禁止している。しかし、目が見えない、見えにくいなど、さまざまな理由で紙の本を読むのがむずかしい人を対象に、その人の読み方にあわせた形で本のコピーや翻訳、インターネットを使って送ることをみとめている。

著作権法第37条第３項でつくられた本を使える人は、紙の本を読むのがむずかしい人だよ。自分が使えるか、図書館の職員さんに聞いてみてね！

りんごの棚の本をもっと知ろう!

じゃあ、このシリーズの2巻で、りんごの棚にならぶバリアフリー図書(アクセシブルな図書)を知って「読みやすい本とはなにか」考えてみよう! バリアフリー図書の内容をもっと知れば、ほかの人にも教えてあげたくなるよ!

監修　りんごプロジェクト

だれもが読書を楽しめる社会を目指し、アクセシブルな図書の体験会や研修会を全国各地で開催。公共図書館・学校図書館に「りんごの棚」を広げながら、「読書バリアフリー」を推進している。文部科学省が推進している障害者の生涯学習の一環として、アクセシブルな図書の普及を通じた共生社会の実現に向け、取り組みを進めている。

URL：https://www.peopledesign.or.jp/action/ringoproject/

クリエイティブディレクション	戸取瑞樹（株式会社 MUZIKA）
アートディレクション	藤江淳子（株式会社MUZIKA）
デザイン	藤江淳子　倉本大豪（株式会社MUZIKA）
イラストレーション	本文　中山佐奈美（株式会社MUZIKA）
	ピクトグラム　倉本大豪（株式会社MUZIKA）
校正	株式会社夢の本棚社
取材協力（五十音順）	株式会社プラスヴォイス　木苺の会
編集・制作	株式会社 KANADEL

写真提供・協力（五十音順）

ヴィアックス大泉町図書館（P22）、公益財団法人日本障害者リハビリテーション協会（P34）、埼玉県小川町立図書館（P32 りんごの棚）、社会福祉法人東京ヘレン・ケラー協会盲人用具センター（P14 感光器）、社会福祉法人日本ライトハウス情報文化センター（P13）、千代田区立図書館（P26 電子図書館）、特定非営利活動法人全国視覚障害児童・生徒用教科書点訳連絡会（P14 点図）、日本科学未来館（P9）、藤澤和子／元近畿視覚障害者情報サービス研究協議会 LLブック特別研究グループ（P26 ピクトグラムの利用案内）、りんごプロジェクト（P7）

りんごの棚と読書バリアフリー①

自分にあった読み方ってなんだろう？

2024 年 9 月　初版第 1 刷発行

発行者　吉川隆樹

発行所　株式会社フレーベル館

〒113-8611 東京都文京区本駒込 6-14-9

電話 営業 03-5395-6613

編集 03-5395-6605

振替 00190-2-19640

印刷所　TOPPAN 株式会社

Printed in Japan

フレーベル館出版サイト　https://book.froebel-kan.co.jp

乱丁・落丁本はおとりかえいたします。

ISBN978-4-577-05312-6

36P ／ 26 × 21cm ／ NDC 019

バリアフリー図書の入手に役立つウェブサイト

国立国会図書館「みなサーチ」
https://mina.ndl.go.jp/

日本図書館協会障害者サービス委員会
「障害者サービス用資料の購入・入手先一覧」
https://www.jla.or.jp/portals/0/html/lsh/shiryolist.html

サピエ図書館
https://www.sapie.or.jp/

ハートフルブック
https://heartfulbook.jp/

※上記のウェブサイトは 2024 年 7 月時点の情報です。

だれもが読書を楽しめる世界へ

りんごの棚と読書バリアフリー

1 自分にあった読み方ってなんだろう?

2 読みやすい本ってなんだろう?

3 読みやすい本を広めよう!

読書バリアフリーにかんする用語集

バリアフリー図書（アクセシブルな図書）

読むことにむずかしさを感じるいろいろな人が利用できるよう工夫された本や資料。点字図書やデイジー資料（録音資料）、大活字本、LLブック、布の絵本など。デジタル形式のものもある。

大活字本

大きなサイズの文字で出版された本。文字の大きさやフォントの種類もいろいろある。

電子書籍

本やマンガなどのデータを、パソコンやタブレットなどで読めるようにしたデジタル形式の資料。つぎのふたつに分かれる。

LLブック

やさしくわかりやすい言葉でかかれた本。絵や写真、ピクトグラム（絵記号）が使われていて、むずかしい内容をわかりやすくあらわしている。

電子書籍

①フィックス型電子書籍

画面のレイアウトは変えられないが、紙面全体の拡大はできる。

電子書籍

②リフロー型電子書籍

画面のレイアウトや文字の大きさなどを自由に変えられる。アクセシブルな（だれにも使いやすい）電子書籍のかぎとなる。